Valérie Motté

Das kleine Übungsheft

Entdecke die innere Fee in dir

Aus dem Französischen von
Claudia Seele-Nyima

Illustrationen von Laure Phelipon

TRINITY

Valérie Motté ist Fernseh- und Hörfunk-
produzentin. Seit ihrer Kindheit ist sie mit
einer besonderen Sensibilität und außergewöhnlichen Intuition begabt, die es ihr
ermöglichen, auch die subtilen Botschaften und
Zeichen der Natur und des Lebens sehr genau wahrzu-
nehmen. Diese Gabe und ihr Interesse an sanfter
Heilkunst fließen in ihre Bücher ein, in denen sie
ihren Wissensschatz und ihre Erfahrungen mit so
vielen Menschen wie möglich teilen möchte.

Die Originalausgabe ist erstmals 2015
bei Éditions Jouvence erschienen.
Titel der französischen Originalausgabe:
Petit cahier d'exercices pour réveiller sa fée intérieure
© Éditions Jouvence, S.A.,
Chemin du Guillon 20, Case 184, CH-1233 Bernex.
www.editions-jouvence.com
info@editions-jouvence.com

© der deutschen Ausgabe: 2016 Trinity Verlag in der
Scorpio Verlag GmbH & Co. KG, München
Umschlaggestaltung: Guter Punkt, München
Satz: Kerstin Duben, München
Druck und Bindung: Pustet, Regensburg
ISBN 978-3-95550-189-1
Alle Rechte vorbehalten.

»Das Leben ist ein Mysterium, das man vom schöpferischen Herzen aus erlebt.«

Friedrich Lienhard

*A*lles, was uns umgibt, Sichtbares wie Unsichtbares, eröffnet uns die Möglichkeit, uns weiterzuentwickeln und uns selbst besser kennenzulernen – vorausgesetzt, wir können das, was uns das Leben schenkt, respektvoll und dankbar annehmen.

In jedem von uns steckt eine kleine Fee, deren Leuchten es uns ermöglicht, den göttlichen Kern unseres Wesens zu erkennen und zutage zu fördern. Allerdings erfordert das Mut: Wir müssen uns selbst beobachten und bis in unser tiefstes Inneres vordringen, um uns unseren Schattenseiten zu stellen und unsere Lichtseiten aufzudecken. Einer der Schlüssel zu dieser außergewöhnlichen Begegnung, dieser magischen Reise mit dem Universum, ist Vertrauen.

Das kleine Übungsheft, das Sie in den Händen halten, hilft Ihnen, mit Ihrer Seele in Kontakt zu treten und die Fee in sich kennenzulernen. Diese kleine Fee wird Sie mit einer fröhlichen Welt bekannt machen und Sie darin unterstützen, Ihre Aufmerksamkeit auf das Positive zu richten, auf Ihren inneren Reichtum und die vielen Schätze, die es in Ihrem Leben gibt.

4

Die Denkanstöße und vorgeschlagenen Übungen in diesem Heft ersetzen jedoch keinesfalls eine Psychotherapie; es sind vielmehr kleine Ratschläge, die Ihnen helfen können, so gelassen wie möglich durchs Leben zu gehen. Wenn Sie nicht mehr weiterwissen, sich krank oder hilflos fühlen, dann sollten Sie sich ärztliche Hilfe suchen oder sich an einen Therapeuten wenden, der Ihnen gegebenenfalls helfen und Orientierung geben kann.

Wer sind diese Feen, diese Prinzessinnen aus der Sphäre des Unsichtbaren?

Feen sind außergewöhnliche Wesen. Sie entwickeln sich hauptsächlich in der Natur, deren wichtigste Hüterinnen sie sind. In verschiedenen Kulturen haben sie unterschiedliche Persönlichkeiten und Aspekte. In einigen Traditionen wie der keltischen repräsentieren sie sogar ein eigenes Reich neben dem der Menschen.

In jedem Fall haben diese Damen eine sehr hohe Schwingungsenergie und stehen in Verbindung mit den Elementen: der Erde (von Gnomen bewohnt), dem Feuer (Salamander), dem Wasser (Nixen) und der Luft (Luftgeister).

Diese fantastischen Wesen agieren als eine Art Patinnen, die uns Gutes tun und überaus wertvoll für uns sind. Sie begleiten uns auf allen Wegen – wie wir leicht merken können, wenn wir die Welt um uns herum aufmerksam wahrnehmen.

Ohne Zögern benutzen sie ihren Zauberstab, um uns zu führen und unsere Wünsche zu erfüllen, sofern sie unsere Absichten für ehrlich befinden. Sie unterstützen Herzen, die aufrichtig und unschuldig sind, und helfen allen Menschen, die die Natur und die Umwelt respektieren und schützen - vor allem denjenigen, die an Feen und alles, was mit dem Unsichtbaren zusammenhängt, glauben. Dagegen mögen sie es gar nicht, wenn jemand sich in der Opferrolle gefällt, andere manipuliert oder knauserig ist. Diese wohlwollenden Beschützerinnen lieben das Licht, Blumen, Gärten, den Wald, aber auch Farben, Freude und alles, was vor Lebendigkeit sprüht.

Diese magische Verbindung der Feen mit der Natur setzt sich in uns fort und die Schwingungen der Fee in uns strahlen in unser ganzes Wesen aus. Ich wünsche Ihnen schöne Entdeckungen - vielleicht stoßen die Rat- und Vorschläge der Feen bei Ihnen auf ein Echo und helfen Ihnen, Ihren feenhaften, kreativen Anteil zu entfalten. Die Übungen liefern Tipps und Tricks, die es Ihnen leichter machen, sich persönlich weiterzuentwickeln, damit Sie mit sich selbst und den Menschen, die Ihr Schicksal teilen, im Reinen sind.

Nehmen Sie sich Malstifte und gestalten Sie hier Ihr persönliches Gartenidyll. Lassen Sie Ihrer Fantasie dabei freien Lauf, um ganz in dieses Feenuniversum einzutauchen. Vergessen Sie nicht, auch einen Baum darin unterzubringen, denn Feen ruhen sich sehr gerne unter einer Eiche aus. Falls Ihnen das Zeichnen zunächst schwerfällt, spüren Sie in sich hinein, lassen Ihre Sensibilität sich entfalten und übertragen Sie das Ergebnis dann aufs Papier. Sie können auch eine Collage basteln, wenn Ihnen das mehr liegt.

Mein Blumenstrauß

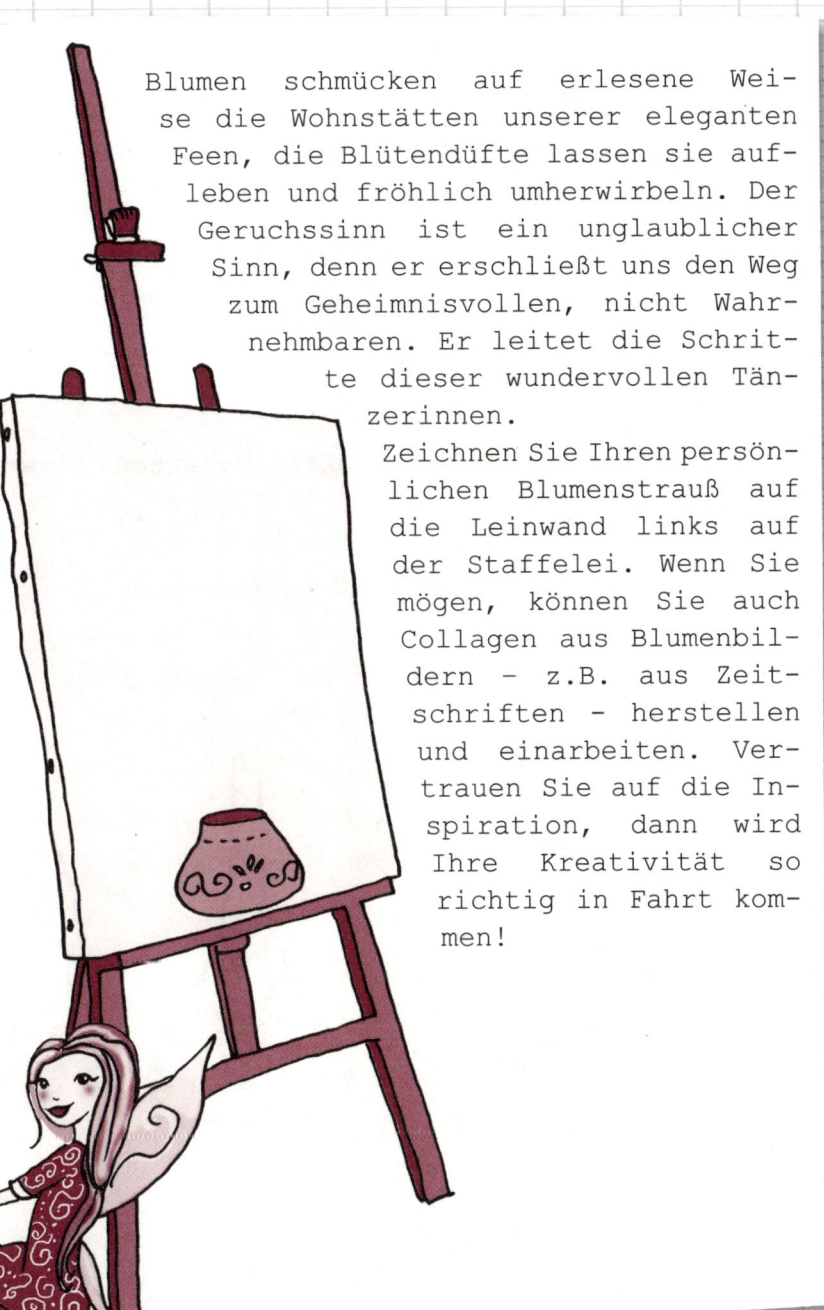

Blumen schmücken auf erlesene Weise die Wohnstätten unserer eleganten Feen, die Blütendüfte lassen sie aufleben und fröhlich umherwirbeln. Der Geruchssinn ist ein unglaublicher Sinn, denn er erschließt uns den Weg zum Geheimnisvollen, nicht Wahrnehmbaren. Er leitet die Schritte dieser wundervollen Tänzerinnen.

Zeichnen Sie Ihren persönlichen Blumenstrauß auf die Leinwand links auf der Staffelei. Wenn Sie mögen, können Sie auch Collagen aus Blumenbildern - z.B. aus Zeitschriften - herstellen und einarbeiten. Vertrauen Sie auf die Inspiration, dann wird Ihre Kreativität so richtig in Fahrt kommen!

Meine magischen Düfte

Jeder Mensch ist empfänglich für Düfte, wobei manche Duftstoffe berauschend auf uns wirken, andere hingegen Ekel auslösen. Wir alle haben von Natur aus eine unverwechselbare Geruchsidentität: unseren Eigengeruch, den wir je nach Wunsch und Gelegenheit mit schönen Düften verändern können, um unser Wohlbefinden zu steigern.

Welche parfümierten »Luftturbulenzen« lassen Sie vor Vergnügen erschauern?

Wilde Rose

Wie ein
sanftes Streicheln.

Schreiben Sie auf jeden Flakon einen Duft, der Sie besonders anspricht. Wenn Sie Lust haben, können Sie eine
Erinnerung oder eine Erklärung hinzufügen.

....
....

Meine innere Fee

Wie wäre es, die Fee in Ihnen einmal kennenzulernen?

Ziehen Sie sich dazu an einen ruhigen Ort zurück, an dem Sie einige Minuten ungestört sind. Schalten Sie das Telefon ab und entspannen Sie sich.

Schließen Sie die Augen, atmen Sie ein paarmal tief ein und aus und versetzen Sie sich als Spaziergänger(in) in den schönen Garten, den Sie auf Seite 8 gestaltet haben. Nehmen Sie den Duft der Blumen in sich auf, betrachten Sie die Farben, die Sie umgeben. Welche Jahreszeit ist jetzt? Hören Sie Vogelgezwitscher? Das Rauschen des Windes in den Blättern? Das Plätschern eines Springbrunnens? Lassen Sie die Empfindungen kommen. Verbinden Sie sich dann mit Ihrem Herzen, indem Sie ein beruhigendes rosa Licht in Ihrer Herzgegend visualisieren.

Bitten Sie Ihre innere Fee jetzt, sich Ihnen zu zeigen. Erzwingen Sie nichts, lassen Sie es einfach geschehen. Wenn Sie sie beim ersten Mal nicht visualisieren können, seien Sie unbesorgt - wiederholen Sie die Übung einfach noch einmal. Und wenn Sie die Fee dann immer noch nicht sehen, ist es auch nicht schlimm; sie wird sich Ihnen auf andere Weise zeigen, vielleicht im Traum oder bei einem Waldspaziergang.

Öffnen Sie die Augen wieder, genießen Sie den Moment und danken Sie Ihrer Fee für diese wohltuende Pause.

Stellen Sie Ihre innere Fee in der unten abgebildeten Umgebung so dar, wie Sie sie gesehen haben. Und falls Sie sie noch nicht sehen konnten, stellen Sie sich die Fee in Ihnen einfach vor. Wie könnte sie aussehen? Hätte sie große oder kleine Flügel? Lange oder kurze Haare? Wäre sie eher blond, dunkel- oder rothaarig? Würde sie lächeln? Aufrecht dastehen? Schlafen? Was täte sie?

Kleine Feen-Farbenlehre

Wenn Sie Ihrer Fee eine Farbe geben müssten, welche würden Sie spontan aus der Palette unten aussuchen? Verbinden Sie den Pinsel mit der Farbe Ihrer Wahl.

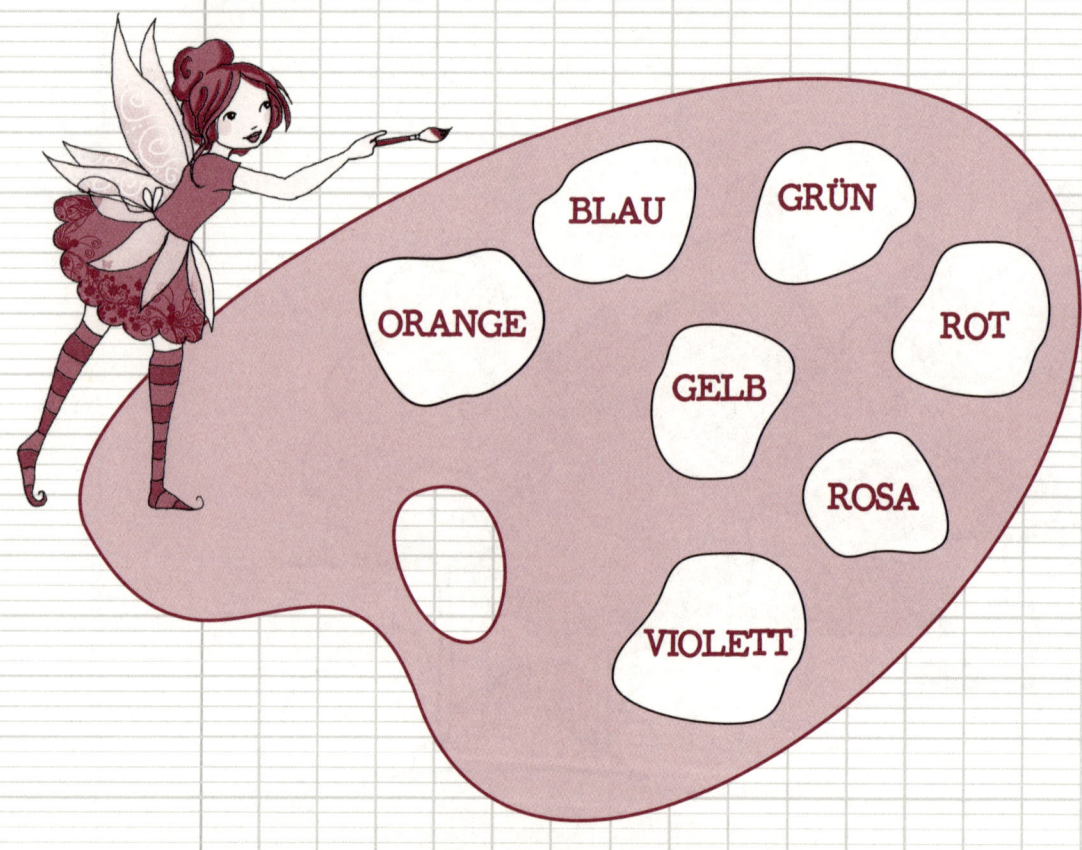

BLAU

GRÜN

ORANGE

ROT

GELB

ROSA

VIOLETT

Und das sagt die von Ihnen gewählte Farbe aus:

❑ **BLAU** – Sie haben ein Bedürfnis nach Ruhe und Gelassenheit. Wahrscheinlich wünschen Sie sich eine Umgebung, in der Sie sich geborgen und sicher fühlen können. Ihre kleine innere Fee erschließt Ihnen den Weg der Kreativität und der Vorstellungskraft, der zu einer solchen Umgebung führt.

16

❏ **GRÜN** – Sie lieben alles, was mit Natur zusammenhängt, und haben häufig das Verlangen nach frischer Luft. Ihre Fee symbolisiert Erneuerung, Wiedergeburt, Aufbruch, aber auch Heilung und Ausgewogenheit. Sie verleiht Ihnen eine erfrischende Art.

❏ **GELB** – Sie haben ein deutliches Bedürfnis nach Leichtigkeit und Loslösung von täglichen Zwängen. Ihre kleine Fee strahlt vor Freude – und bringt Sie dazu, diese Freude auch um sich herum zu verbreiten. Ihre Herzenswärme animiert Ihr gesamtes Wesen und lässt es leuchten.

❏ **ORANGE** – Sie streben nach einer Welt, die von liebevoller Zuwendung und Herzlichkeit geprägt ist. Die Großzügigkeit, die Ihre innere Fee charakterisiert, färbt auf Ihre Persönlichkeit ab und lässt Sie in Ihrer gesamten Umgebung Optimismus verbreiten.

❏ **ROSA** – Sie suchen nach Zärtlichkeit. Ihre innere Fee ist ein kleines Wunder an Sanftheit. Sie hilft Ihnen, Ihre Intuition zu entwickeln und Ihre ausgeprägte Sensibilität zum Vorschein kommen zu lassen. Die Harmonie, für die diese Farbe steht, ist ein Tor zur Liebe.

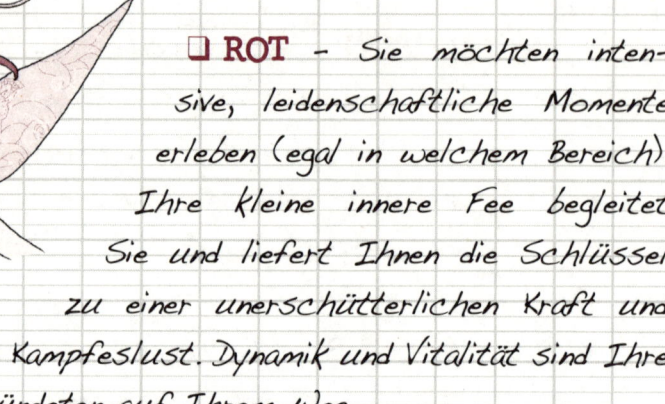

❏ **ROT** – Sie möchten intensive, leidenschaftliche Momente erleben (egal in welchem Bereich). Ihre kleine innere Fee begleitet Sie und liefert Ihnen die Schlüssel zu einer unerschütterlichen Kraft und Kampfeslust. Dynamik und Vitalität sind Ihre besten Verbündeten auf Ihrem Weg.

❏ **VIOLETT** – Sie träumen von stärkenden, beruhigenden Pausen im Alltag. Ihre kleine Fee ist die spirituellste von allen und öffnet Ihnen die Tür zum Geheimnisvollen und Unsichtbaren. Sie fördert Meditation, lässt Sie zur Ruhe kommen und empfiehlt Ihnen loszulassen.

HINWEIS: Jede Farbe hat auch ihre negativen Aspekte. Ich habe jedoch beschlossen, Ihnen nur das Positive zu nennen, um bei einer leichten, spielerischen Herangehensweise zu bleiben.

Die vier Elemente: Feuer – Erde – Luft – Wasser

Welchem Element fühlen Sie sich am stärksten verbunden?

Welches der abgebildeten Flügelpaare spricht Sie am meisten an, welches würden Sie intuitiv wählen? Kreisen Sie die entsprechende Nummer ein.

Freiheit/Kommunikation

Empfindsamkeit/Verträumtheit

Spontanität/Übermut

Ruhe/Beharrlichkeit

19

Diese Flügel repräsentieren das Universum Ihrer inneren Fee und symbolisieren daher einen Teil Ihrer Persönlichkeit. Überlegen Sie, welchem Element Sie sich am nächsten fühlen, und kreisen Sie die betreffende Nummer ein.

3 - Feuer-Feen lassen sich leicht begeistern und haben einen starken Charakter. Sie sind unabhängig und eroberungslustig. Ihre ungestüme Art wirkt mitreißend auf ihre gesamte Umgebung und zieht ihre Weggefährten in ihren Bann. Diese Feen repräsentieren das Feuer des Erwachens und der Erleuchtung und sie begünstigen materiellen Erfolg.

4 - Erde-Feen sind entschlossen und hartnäckig. Die Geradlinigkeit und Disziplin, die sie charakterisieren, verleihen ihnen eine unerschütterliche Rechtschaffenheit. Sie sind treue Freunde, deren ruhige Besonnenheit Sicherheit und Stabilität vermittelt. Diese Feen setzen sich dafür ein, dass alle glücklich sind.

1 - Luft-Feen sind lustig und sehr kommunikativ. Es fällt ihnen nicht schwer, sich jedem Umfeld anzupassen und sich darin zu behaupten. Sie kosten ihre Freiheit aus und reisen gern. Diese Feen mögen den positiven Austausch mit anderen und laden uns ein, jede sich bietende Gelegenheit dazu beim Schopf zu packen.

2 - Wasser-Feen sind sehr sensible und zuvorkommende Wesen, die ihrem Instinkt folgen, um ihre Vorhaben zu entwickeln und praktisch umzusetzen. Sie sind große Romantikerinnen und sehr leidenschaftlich. Das Einzige, was sie wirklich interessiert, ist die Liebe.

»Ich habe gelernt, auf meine wahren Gefühle zu hören, meine Empfindungen zu respektieren und den Mut aufzubringen, meine Verletzlichkeit anzuerkennen. So ist es mir allmählich gelungen, mich selbst zu lieben.«

Jacques Salomé

21

Die Eigenschaften der Feen

Feen sind großzügige Wesen und ihre Schönheit erfüllt alle Menschen, die ihrer ansichtig werden, mit Freude. Äußerlich zart, überraschen sie durch ihre Stärke, ihren Mut und die Entschlossenheit, mit der sie ihrem Weg – dem Weg der Liebe – folgen. Sie lehren uns Weisheit und Toleranz, haben sich aber dennoch ihre Kinderseele bewahrt, sind verspielt und auch ein bisschen frech, kosten das Leben voll aus und nehmen bewusst jede Chance zu wachsen wahr.

Und Sie, welche Feen-Eigenschaften wurden Ihnen mitgegeben?

Auf den Kommodenschubladen sind einige Eigenschaften angegeben. Schreiben Sie die drei, die Sie am besten charakterisieren, auf den Spiegel.

Ehrlichkeit   Großzügigkeit

Sanftmut   Empathie

Treue   Kreativität

Offenheit   Integrität

Respekt   Lebensfreude

Welche der drei Eigenschaften, die Sie gewählt haben, prägt Ihre Persönlichkeit am meisten?
Machen Sie sich jetzt den Spaß, diese Eigenschaft zu veranschaulichen, und stellen Sie sie in dem Rahmen unten dar. Lassen Sie Ihrer Kreativität (Zeichnung, Symbole, Worte …) freien Lauf.

»Was auch immer in meinem Leben geschieht, ich kann damit fertigwerden. Ich werde lernen, wachsen und einen Weg finden, mein Leben ausgehend von dieser Schwierigkeit zu bereichern.«

Rosette Poletti

23

Die Würze des Lebens

Im Alltag vergessen wir nur allzu oft diese grundlegende Wahrheit: dass die Macht, Entscheidungen zu treffen und unseren inneren Zustand zu bestimmen, bei uns liegt. Das gilt insbesondere angesichts äußerer Ereignisse. Stattdessen machen wir es uns lieber leicht und verfallen in die Opferrolle. Wenn wir aber ehrlich mit uns sind, dann erkennen wir, dass wir viele Möglichkeiten haben, unseren Alltag zu verbessern und uns wohler zu fühlen. Wir alle durchleben immer wieder mehr oder weniger turbulente Zeiten in unserem Leben; sie begleiten uns auf unserem Weg. Feen tragen in sich ein magisches Leuchten, das ihnen hilft, sich besser zurechtzufinden und sich auf diese Weise erneut mit ihrer reinen Essenz – losgelöst von ihrem Ego – zu verbinden.

Gleichzeitig erkennen unsere Feen aber bei zu großer Belastung und zu starkem Kummer, dass Unterstützung von außen (Arzt, Therapeut) erforderlich ist. Wenn wir den Mut aufbringen, uns Hilfe zu holen, ist das schon ein positiver Ansatz, um die Situation zu akzeptieren und etwas daran zu ändern. Unseren Alltag vollständig und intensiv zu leben und ihn mit Freude, Liebe und Miteinandersein zu erfüllen – das zu lernen ist wunderbar. Die Kraft der Gelassenheit, die daraus erwächst, ist ein unglaubliches Juwel, insbesondere in stürmischen Zeiten.

Feen sind verantwortungsvolle Wesen, die zu allem stehen, was sie tun. Sie bereuen nichts, sind immer im gegenwärtigen Moment verankert und genießen das Leben in vollen Zügen.

Und Sie? Sind Sie in der Lage, das Leben wirklich zu genießen?
Beantworten Sie die folgenden Fragen so ehrlich wie möglich und kreuzen Sie die Antwort an, die am ehesten auf Sie zutrifft.

1. Morgens, kurz nach dem Aufstehen, …
★ mache ich ein missmutiges Gesicht und bin brummig.
❤ lächle ich und bin gut gelaunt, selbst wenn ich wenig geschlafen habe.

2. Es ist kein Kaffee oder kein Tee mehr da, ich stehe vor der leeren Dose:
❤ Ich lache und sage mir, dass das eine gute Gelegenheit ist, auswärts zu frühstücken.
★ Ich ärgere mich und koche innerlich.

3. Ich bin in Eile, weil der Wecker nicht geklingelt hat, und mein Auto springt nicht an:
★ Ich gerate in Panik und fange an zu weinen, weil ich jetzt viel zu spät kommen werde.
❤ Nachdem ich mich einige Minuten aufgeregt habe, relativiere ich das Ganze und sage mir, dass ich mir vielleicht gerade einen Autounfall erspare.

4. Seit Wochen erwarte ich eine Beförderung, doch den Posten, auf den ich gehofft hatte, erhält am Ende jemand anders:

★ Ich bin total enttäuscht, fühle mich ungerecht behandelt und sage mir, dass ich einfach nie Glück habe.

♥ Ich bin zwar enttäuscht von der Nachricht, aber auch motiviert, mir eine neue Arbeit zu suchen.

5. Ich bin im Urlaub am Meer und es regnet seit zwei Tagen:

♥ Mir gefällt die Umgebung und ich nehme die Gelegenheit wahr, um örtliche Museen und Kunsthandwerker zu besuchen.

★ Wütend beschließe ich, vorzeitig nach Hause zu fahren.

Sie haben 5 ★: Ärgernisse gewinnen bei Ihnen schnell die Oberhand. Sie neigen dazu, Situationen zu dramatisieren. Lernen Sie, in solchen Momenten eine Pause einzulegen und das Positive an der Sache zu entdecken. Bitten Sie ruhig Ihre kleine innere Fee um Hilfe.

Sie haben 5 ♥: Sie genießen das Leben und nehmen auch Ärgernisse von der positiven Seite. Ihre kleine Fee ist mit Ihnen auf einer Wellenlänge.

Sie haben mehr als 3 ★: Es ist Zeit, die Dinge, die geschehen, etwas lockerer zu sehen und Ihrem Leben mehr Farbe zu verleihen.

Sie haben mehr als 3 ♥: Sie hören, was Ihre innere Fee Ihnen sagt; nehmen Sie die Ereignisse weiterhin gelassen.

Sie haben 1 ★: Sie strahlen innerlich und können alles, was das Leben Ihnen schickt, wertschätzen – selbst in unruhigen Zeiten.

Sie haben 1 ♥: Die Flügel Ihrer Fee entfalten sich allmählich. Nur keine Angst – lernen Sie zu vertrauen, um konstruktiver mit den Dingen umzugehen, die in Ihrem Leben geschehen.

»Denke lieber an das, was du hast, als an das, was dir fehlt! Suche von den Dingen, die du hast, die besten aus und bedenke dann, wie eifrig du nach ihnen gesucht haben würdest, wenn du sie nicht hättest.«

Mark Aurel

Wie wäre es, an dieser Stelle einmal zu definieren, was alles Ihrem Leben Würze verleiht … Ergänzen Sie die Liste lächelnd, als würden Sie das Beschriebene gerade erleben.

Ich liebe es, mich in die Arme meines/meiner Liebsten zu kuscheln.
Ich liebe den Geruch von heißem Kakao.
Ich liebe . . . .
. . . .
. . . .
. . . .
. . . .
. . . .
. . . .
. . . .
. . . .
. . . .
. . . .

»Verweile nicht in der Vergangenheit, träume nicht von der Zukunft, konzentriere dich auf den gegenwärtigen Moment.«

Der Buddha

Überflüssiges loswerden

Feen halten sich nicht mit belanglosen Dingen auf. Sie lösen sich von allem, was sie selbst und/oder die Umwelt belastet. Auch von negativen Menschen und Schmarotzern, die ihnen ihre schöne Energie rauben, halten sie sich fern.

Damit Sie sich von einem Teil Ihrer Vergangenheit befreien und sich besser in der Gegenwart verankern können, schlagen die Feen Ihnen vor, sich von Gegenständen zu trennen, zum Beispiel von Kleidungsstücken, die Sie an frühere Zeiten binden, Sie innerlich lähmen oder einfach unnötig Platz wegnehmen. Die Idee des Platzschaffens ist ein symbolischer Weg, Neues in Ihr Leben treten zu lassen, Unerwartetes willkommen zu heißen und bereichernden, wunderbaren Möglichkeiten die Türen zu öffnen.

Neigen Sie dazu, Dinge zu sammeln?
Oder fällt es Ihnen leicht, etwas wegzuwerfen?
Beantworten Sie die folgenden Fragen mit JA oder
NEIN:

1. Sie haben die Gewohnheit, alles aufzube-
wahren: Geschenkpapier, Tüten, Zeitschrif-   JA   NEIN
ten …

2. Sie schwelgen gerne in der Vergangenheit
und meinen, früher sei es besser gewesen   JA   NEIN
als heute.

3. Sie behalten Ihre zu eng geworde-
ne Jeans in der Hoffnung, eines Tages,
wenn Sie abgenommen haben, wieder hin-   JA   NEIN
einzupassen.

4. Obwohl Sie wirklich überhaupt keinen
Platz mehr in Ihrem Schrank haben, ängs-
tigt Sie die Vorstellung, Dinge auszusor-   JA   NEIN
tieren, wegzugeben oder fortzuwerfen.

5. Aus Angst, es könnte Ihnen etwas aus-
gehen, kaufen Sie bestimmte Produkte   JA   NEIN
doppelt.

6. Obwohl manche Gegenstände für Sie
überhaupt keinen Nutzen haben, können   JA   NEIN
Sie sich nicht von ihnen trennen.

7. Geschenke zu behalten, die Ihnen eigentlich nicht gefallen, ist Ihnen zwar lästig, trotzdem schaffen Sie es nicht, sie wegzugeben.

JA   NEIN

8. Der Gedanke, alte Papiere wegzuwerfen, um sich zu entlasten, beunruhigt Sie.

JA   NEIN

9. Wieder Platz in Ihren Schränken zu haben macht Sie froh.

JA   NEIN

10. Ihr Zuhause ist eher »vollgestellt« als puristisch eingerichtet.

JA   NEIN

Wenn Sie mehr als fünfmal mit Ja geantwortet haben, neigen Sie zur Furcht vor dem Unbekannten. Ihre Angst, sich von persönlichen Gegenständen zu trennen, hindert Sie daran, Platz für neue Möglichkeiten zu schaffen. Sich an die Vergangenheit zu klammern kann Sie auf Ihrem Weg blockieren und Ihre Weiterentwicklung behindern. Haben Sie Vertrauen in das Leben …
Wenn Sie mehr als fünfmal mit Nein geantwortet haben, mögen Sie die Weite und lassen sich nicht gerne einengen. Problemlos rangieren Sie überflüssige Dinge aus und entsorgen sie. Die Vorstellung, dass sich Ihnen dadurch neue Möglichkeiten bieten könnten, gefällt Ihnen. Die Überraschungen des Lebens machen Ihnen keine Angst, denn Sie sind fest im gegenwärtigen Moment verankert.

Wenn Sie in den unten abgebildeten Mülleimer fünf Gegenstände und/oder Kleidungsstücke werfen müssten, welche wären das?
Schreiben Sie die fünf Dinge, von denen Sie sich trennen würden, hier auf.

Zum Beispiel: die rote Handtasche, die ich schon seit meiner Teenagerzeit habe.

-

-

-

-

-

Die Feen in ihrer engen Bindung zu Mutter Natur mögen es, wenn wir unseren schönen Planeten respektvoll behandeln. Sie möchten Sie ermuntern, Ihren Abfall zu sortieren und den Müll entsprechend dem System Ihres Wohnorts zu trennen. Und wenn der Gedanke, etwas wegzuwerfen, für Sie unvorstellbar ist, kann es die ideale Lösung sein, es einer Organisation (oder mehreren) zu spenden. Achten Sie aber darauf, nur das zu verschenken, was auch dazu geeignet ist - denken Sie an den oder die Empfänger(in) Ihrer Spende.

Werfen Sie – als Trockenübung – einen Blick in den Schrank unten und suchen Sie ein Objekt oder ein Kleidungsstück aus, das Sie seit über einem Jahr nicht benutzt haben. Verbinden Sie es mit der Geschenkbox auf dem Boden.

Wer könnte daran noch Freude haben?

Vielleicht hat jemand aus Ihrem Bekanntenkreis einmal gesagt, dass er oder sie diesen Gegenstand/dieses Kleidungsstück toll findet? Schreiben Sie den Namen der Person, die ihn/es als Geschenk erhalten soll, auf das Etikett.
Öffnen Sie auch bei sich zu Hause einmal zum Spaß die Türen eines Schranks und machen Sie die Übung in der Realität. Hinterher sollten Sie sich gut und wie befreit fühlen.

33

Mein Rezept für Glück

> »Wenn du am Morgen erwachst, denke daran,
> was für ein köstlicher Schatz es ist, zu leben, zu atmen
> und sich freuen zu können.«
>
> Mark Aurel

Feen sind verliebt in das Leben, genießen gern und verbreiten überall um sich herum gute Laune. Hier ein paar kleine, ganz einfache Feen-Übungen, die Sie nach dem Aufstehen praktizieren können.

Servieren Sie sich morgens eine große Trinkschale voller Freude und Lachen und starten Sie in den Tag mit einem Hauch von Dankbarkeit gegenüber dem Leben.
Lächeln Sie tagsüber die Menschen an, die Ihnen begegnen, und versuchen Sie auch dann höflich zu sein, wenn Sie gerade müde oder ärgerlich sind – sei es am Arbeitsplatz, auf der Straße oder in der U-Bahn.

Wenn Sie einen Kranken oder einen Bettler sehen, dann schicken Sie ihm einfach innerlich Licht und sagen dabei im Geiste LIEBE oder ein anderes Wort mit ebenso positiven Schwingungen. Wichtig ist, das energetische Niveau zu erhöhen und mit dem Universum in Verbindung zu stehen.

Nehmen Sie alles um sich herum bewusst wahr: einen Sonnenaufgang, ein Frühstück unter Freunden, ein lachendes Baby ... Schalten Sie unbesorgt innerlich auf »Pause«, um jede Minute, jeden Moment voll und ganz zu leben. Begeistern Sie sich! Sie sind lebendig!

Und vor allem: Tun Sie sich etwas Gutes. Selbst wenn Ihre finanziellen Mittel sehr begrenzt sind, können Sie sich etwas gönnen: sich in einem schönen warmen Bad oder unter der Dusche entspannen, eine Tasse Ihres Lieblingstees trinken, einen Film ansehen, sich ausruhen, meditieren, spazieren gehen, ein schönes Buch (noch einmal) lesen, sich die Zeit für ein Telefonat mit einer Freundin nehmen, schreiben, zeichnen, malen, kochen ...

Und bevor Sie am Abend in Morpheus' Arme sinken, warum nicht einmal dem Leben für alles danken, was es Ihnen beschert?

**Welche Zutaten dürfen bei Ihrem persönlichen Glücks-
rezept nicht fehlen?**

Verbinden Sie die Löffel, die mit einer für Ihr Rezept wesentlichen Zutat beschriftet sind, mit dem
unten abgebildeten Kessel, als würden Sie die jeweilige Zutat hineingeben. Füllen Sie die noch leeren
Löffel mit weiteren Ingredienzen für Ihr Glück.

Beispiel: Humor ist mit dem Kessel verbunden.

Rezept für:

_____

_____

Wo wir gerade beim Sanften und Süßen sind: Überlegen Sie sich ein bereits existierendes oder ein imaginäres Nachtischrezept und schreiben Sie es auf die Schiefertafel. Wer weiß? Vielleicht werden Sie die Zuckerbäcker-Fee in sich wecken und wieder häufiger etwas Süßes für sich und Ihre Lieben zubereiten?

Zutaten:

-

-

-

-

-

Vorbereitungszeit:

Gar-/Backzeit:

Wieder auftanken

> »Das, was wir annehmen, befreit uns,
> doch das, was wir ablehnen, hält uns gefangen.«
>
> Swami Prajnanpad

Wir leben in einer Zeit des Umbruchs: Zahlreiche ökonomische, politische und soziale Krisen erschüttern die Welt. Auch die Feen bemerken, dass große energetische Wandlungsprozesse die Erde und uns Menschen in Aufruhr versetzen. Sie spüren die veränderten Schwingungen und raten uns nachdrücklich, frische Energie zu tanken und auf unser innerstes Wesen zu hören, damit unsere Seele den Entwicklungen und Veränderungen in der Welt gewachsen ist.

Diese strahlenden Magierinnen laden Sie ein, Ihre Batterien bei ihnen aufzuladen, in ihrer friedlichen Welt – dem Naturreich. Gehen Sie allein hinaus in die Natur und kommunizieren Sie mit ihr über alle Ihre Sinne. Nehmen Sie sich die Zeit, in einem Garten, einem Park oder irgendwo auf dem Land spazieren zu gehen und die Umgebung zu bewundern; entspannen Sie sich dabei und atmen Sie ruhig. Bleiben Sie zwischendurch immer mal wieder stehen, um sich an dem Bild zu erfreuen, das sich vor Ihnen abzeichnet. Wenn Sie auf einen Baum treffen, insbesondere eine Eiche, legen Sie Ihre Hände auf ihren Stamm und bitten darum, dass der Baum Sie mit positiver Energie auflädt. Bevor Sie weitergehen, bedanken Sie sich bei ihm.

Die Feen helfen Ihnen, sich zu entspannen, und ermuntern Sie, Ihr Leben insgesamt freundlicher und heller zu gestalten. Wenn Kinder, Familie und sonstige Angehörige in Ihrem Alltag immer Vorrang haben, sollten Sie sich bewusst machen, dass Sie auch für sich selbst Sorge tragen und die Harmonie aufrechterhalten bzw. wiederfinden müssen, die Sie für Ihr eigenes Gleichgewicht brauchen, um mit Freude, Einsatzbereitschaft und Aufrichtigkeit anderen etwas geben zu können. Das Gefühl der Verpflichtung, das sich mitunter einschleichen und Ihnen die Luft zum Atmen nehmen kann, wird dann verschwinden und Sie sind wieder mit sich selbst und Ihrer Umgebung in Einklang. Lernen Sie, immer wieder einen Moment ausschließlich für sich selbst da zu sein. Wagen Sie es, sich zu entspannen. Ziehen Sie sich an einen ungestörten Ort zurück, um zur Ruhe zu kommen. Sorgen Sie für eine angenehme Atmosphäre, beispielsweise indem Sie sanfte Musik spielen lassen, eine oder mehrere Kerzen anzünden, beruhigende ätherische Öle verwenden (und dabei die entsprechenden Vorsichtsmaßnahmen beachten) und sich vorstellen, wie alle Alltagshektik von Ihnen abfällt.

Atmen Sie tief durch und spüren Sie bewusst, wie sich Ihr gesamter Körper entspannt. Um noch einen Schritt weiter zu gehen, visualisieren Sie einen besonders glücklichen Moment Ihres Lebens und genießen Sie ihn; lassen Sie negative Gedanken, die sich eventuell dazwischenschieben wollen, einfach vorbeiziehen, ohne ihnen Beachtung zu schenken, und tauchen Sie dann wieder in die Schönheit Ihres Glücksmoments ein.

Wer intensiver meditieren will, findet dazu eine breite Palette an entsprechender Literatur. Seien Sie neugierig und suchen Sie sich Techniken und Methoden, die für Sie geeignet sind und mit denen Sie sich wohlfühlen.

»Alles, was du brauchst, hast du schon in dir; es wartet nur darauf, erkannt zu werden, sich zu entwickeln und hervorzutreten. In der Eichel ist die mächtige Eiche bereits enthalten. Du trägst ein enormes Potenzial in dir. Und genau so, wie die Eichel eingepflanzt und gehegt werden muss, damit sie wachsen und zu einer mächtigen Eiche werden kann, muss auch das, was in dir liegt, erkannt werden, bevor es ans Licht treten und voll genutzt werden kann. Geschieht das nicht, schlummert es weiterhin ungenutzt in dir.«

Eileen Caddy

Die Flügel ausbreiten

Feen sind im Einklang mit sich selbst. Zweifel und Ängste streifen sie nur flüchtig, aber treffen sie nie wirklich, denn sie sind mit ihrer Seele im Reinen und es ist für sie undenkbar, zuzulassen, dass das Ego die Kontrolle über ihr Leben gewinnt. Dennoch hören sie die übermittelte Botschaft - allerdings mit dem einzigen Ziel, sie ins Positive zu verkehren. Dabei setzen sie ihre Träume in Realität um, sind zupackend und wagemutig.

Die Feen ermutigen uns, ernsthaft auf unser Herz und unsere Intuition zu hören und genau das Vorhaben zu entwickeln, das uns schon seit Langem beschäftigt und wie ein kostbarer Schatz in uns vergraben ist. Dabei sollten wir uns von niemandem demotivieren oder weismachen lassen, wir würden uns verzetteln. Wagen Sie es: Breiten Sie Ihre Flügel aus und lassen Sie Ihre großartigen, glanzvollen Pläne Wirklichkeit werden. Möge die Magie Ihrer Inspiration Sie zur Freiheit führen!

Bitten Sie ruhig das Universum um Hilfe. Es wird Ihren Appell beantworten, wenn Sie aufrichtig sind und Ihre Absichten niemandem schaden.
Und jedes Mal, wenn Ihr Verstand die Oberhand gewinnt und Widerstände die Türen Ihres Herzens verriegeln wollen, heißen Sie diese Widerstände gebührend willkommen, legen eine meditative Pause ein und überantworten sie den Feen. Versenken Sie sich danach sofort in schöne

Erinnerungen und sagen sich selbst, dass es Ihre Absicht ist, glücklich zu sein, dass es Ihnen glänzend geht und Sie ganz entspannt sind.

Tragen Sie nun als Erstes Ihren größten Herzenswunsch in die Sonne auf dem Weg unten ein, selbst wenn er in den Augen anderer verrückt erscheinen mag. Schreiben Sie dann in die fünf Kästchen neben den Blumen die Dinge, die es möglich machen, dass Ihr Wunsch sich erfüllt. Zum Schluss notieren Sie auf den Zeilen unterhalb der sich entfaltenden Flügel, welche Schritte Sie bereits unternommen haben, um Ihr Vorhaben zu konkretisieren, und welche weiteren Schritte Sie noch machen müssen.

43

Meine Wünsche

Listen Sie in der Tabelle die Wünsche auf, die Sie bereits verwirklicht haben, und beschreiben Sie, was Sie empfunden haben, als sie sich erfüllten.

DATUM ODER ZEITRAUM	WUNSCH	EMPFINDUNG
Bsp.: Letzten Sommer	Die Küche neu streichen und einrichten	Große Freude

Diese kleine Bilanz zeigt Ihnen, dass Sie in der Lage sind, Dinge zu tun, die Sie mögen. Sie ruft Ihnen in Erinnerung, dass Sie stets die Möglichkeit haben, einen konstruktiven Prozess in Gang zu setzen, um eine bestimmte Situation zu verbessern oder einfach für mehr Wohlbefinden im Alltag zu sorgen. Entgegen allem Anschein und trotz einiger Schwierigkeiten ist nach wie vor alles möglich.

»Sie wussten nicht, dass es unmöglich war, also taten sie es.«

Mark Twain

Mein Zauberstab

Wenn Sie einen Zauberstab hätten wie diese hübsche Fee, wozu würden Sie ihn einsetzen? Und für wen?

Blicken Sie einmal tief in sich hinein und machen sich zumindest einen Teil Ihres inneren Reichtums bewusst. Wenn Sie nun diese Gaben jemand anderem zugutekommen lassen wollten, wie es die Feen so gern tun, wem würden Sie sich zuwenden?

Wenn ich einen Zauberstab hätte, würde ich den Sohn meiner Freundin gesund machen.
Wenn ich einen Zauberstab hätte, würde ich ein Heim für Obdachlose eröffnen.

Wenn ich einen Zauberstab hätte, ...

....

....

....

Wenn ich einen Zauberstab hätte, ...

....

....

Anderen etwas von sich selbst zu geben ist eine wundervolle Geste, die das Herz erwärmt und jede zwischenmenschliche Beziehung bereichert. Wenn wir aus reiner Großzügigkeit geben, öffnet sich unsere Seele und es entstehen sehr machtvolle Schwingungen, die einen Lichtschein um uns bilden und uns von innen heraus strahlen lassen.

Manche Menschen geben mit ihrem Ego und sind frustriert, wenn sie im Gegenzug nichts erhalten. Echtes Geben verlangt jedoch keine Gegenleistung und ist vollkommen uneigennützig; andernfalls ist es verfälscht, ebenso wie die Beziehung zwischen den Beteiligten. Wer meint, etwas gegeben zu haben, und dann glaubt, von seinem Gegenüber Dankbarkeit erwarten zu können, wird zwangsläufig enttäuscht. Der Grat zwischen beiden Formen des Gebens ist schmal. Wobei diejenigen, die meinen, Geben nähme ihnen etwas, und die deswegen mit Gaben zurückhaltend sind, erst durch genau diese Haltung wirklich zu Verlierern werden: nämlich indem sie sich selbst ein magisches Geschenk versagen.

Nutzen Sie die Gelegenheit, sich anderen zuzuwenden, vor allem denen, die Sie besonders gern haben. Kümmern Sie sich um Ihre Lieben, drücken Sie Ihre Zuneigung aus und schenken Sie ihnen die Zeit, die Ihnen ständig fehlt. Unser irdisches Zwischenspiel ist endlich – es kann sogar sehr schnell vorüber sein –, vergeuden Sie also nicht aus Angst und/oder Scham die Momente liebevoller Zuwendung. Wagen Sie es, Ihre Zweifel und Befürchtungen zu überwinden, um nicht irgendwann verpassten Chancen nachtrauern zu müssen.

Wie wäre es, wenn Sie einen Plan mit kleinen Aufmerksamkeiten erstellen, die Sie den Menschen Ihres Umfelds in nächster Zeit erweisen werden, um ihnen zu zeigen, dass Sie sie lieben und schätzen? Auch in Beziehungen sagen Taten mehr als Worte.

Schon allein die Tatsache, dass Sie über solche Aufmerksamkeiten nachdenken und sich etwas überlegen, macht innerlich froh, denn es ist aufregend und beglückend, anderen eine Freude zu bereiten.

Ergänzen Sie die Tabelle mit eigenen Punkten und versuchen Sie, Ihren Plan aufrichtig umzusetzen.

AUFMERK- SAMKEIT	WEM	WIE/ WARUM	WANN	EMPFINDUNG
Blumen schenken	Meiner Mutter	Dafür, dass sie für mich da ist	Morgen	Sehr glücklich, dass ich für sie ihre Lieblingsblumen ausgesucht habe

»Dankbarkeit ist die schönste Blume, die aus der Seele sprießt.«

Henry Ward Beecher

47

Dankbarkeit

Dankbarkeit ist ein ureigener Wert der Feenwelt. Mit Dank anzuerkennen, dass man ein Geschenk erhalten hat, dass jemand für einen da gewesen ist, man Gehör gefunden oder Hilfe erhalten hat, bedeutet, bereitwillig anzunehmen, was das Leben einem bringt. Und aus der Dankbarkeit wiederum sprühen Funken reinen Glücks. Die Feen segnen das Universum, ihre Freunde und Gefährten, denen sie im Lauf ihrer Abenteuer begegnet sind, für alles, was sie täglich als Geschenk erhalten. Sie fühlen sich in jedem Moment bereichert durch die Fülle, die ihnen zuteilwird, und sind sich all der Schönheit um sie herum bewusst. Ihre bevorzugte Antwort darauf ist ein schlichtes **»DANKE«**.

Die Feen laden Sie ein, all jenen zu danken, die Sie lieben: für die Sonnenstrahlen, mit denen sie Ihr Herz erleuchten und erwärmen, und für die Farbe, die sie in Ihren Alltag bringen.

Danken Sie Ihren Lieben für ihre Zuneigung und Verbundenheit und greifen Sie dabei auf Ihr kreatives Potenzial zurück. Listen Sie in der unten stehenden Tabelle die betreffenden Personen auf und verknüpfen Sie sie mit einem Symbol oder einem Wort. Zum Schluss senden Sie ihnen per SMS, E-Mail, Post oder Telefon eine Botschaft des Dankes.

Vorname	Symbol oder Wort	Botschaft

Wählen Sie nun drei Personen aus, denen Sie Ihre Dankbarkeit mit einer kleinen Überraschung zeigen wollen, und bereiten Sie für jede von ihnen etwas vor, das von Ihrer Freundschaft oder Ihrer Liebe für sie zeugt. Verleihen Sie Ihrem Dank auf fantasievolle Weise Ausdruck, z.B. mit einem Lied, einem Gedicht, einer Zeichnung, einem Brief oder durch etwas Selbstgemachtes (etwas Getöpfertes, ein Mosaik …)! Lassen Sie Ihr göttliches Wesen durch Ihre schöpferische Kraft sprechen!

Schreiben Sie in jeden der drei Rahmen unten jeweils den Vornamen einer der gewählten Personen und die Form (Lied, Gedicht …), die Ihr Zeichen der Zuneigung haben soll.

Vor dem Schlafengehen sollten Sie - so raten es die Feen - den Tag positiv abschließen. Sie schlagen vor, dass Sie die Geschehnisse des Tages, die Ihnen angenehm waren und Freude bereitet haben, in ein eigens dafür bestimmtes Heft eintragen. Die Feen verwenden dazu ein Notizbuch oder -heft, das sie auf ihrem Nachttisch liegen lassen. So haben sie es jeden Abend in Reichweite, um ihre Eintragungen zu machen und danach mit positiven Gedanken einzuschlafen, selbst wenn es ein hektischer, strapaziöser Tag mit Aufregungen und Pannen war.

Kleiner Ratschlag einer Freundin: Vergessen Sie nie, den Feen dafür zu danken, dass sie Ihnen jederzeit ihre warmherzige Unterstützung gewähren und auf ihre besonnene Art Licht auf die Dinge werfen.

»Liebe ist das Einzige, das wächst,
wenn wir es verschwenden.«

Ricarda Huch

51

Vergebung

»Herr, mach mich zu einem Werkzeug deines Friedens.
Wo Hass herrscht, lass mich Liebe entfachen.
Wo Beleidigung herrscht, lass mich Vergebung entfachen.
Wo Zerstrittenheit herrscht, lass mich Einigkeit entfachen.
Wo Irrtum herrscht, lass mich Wahrheit entfachen.
Wo Zweifel herrscht, lass mich Glauben entfachen.
Wo Verzweiflung herrscht, lass mich Hoffnung entfachen.
Wo Finsternis herrscht, lass mich Dein Licht entfachen.
Wo Kummer herrscht, lass mich Freude entfachen.
O Herr, lass mich trachten:
nicht nur, dass ich getröstet werde, sondern dass ich tröste,
nicht nur, dass ich verstanden werde, sondern dass ich
verstehe,
nicht nur, dass ich geliebt werde, sondern dass ich liebe,
denn wer gibt, der empfängt,
wer sich selbst vergisst, der findet,
wer verzeiht, dem wird verziehen,
und wer stirbt, der erwacht zum ewigen Leben.«

Friedensgebet aus Frankreich,
Franz von Assisi zugeschrieben

Das Leuchten der Feen erhellt Ihren Weg und zeigt Ihnen den Zugang zur Vergebung.

Vergeben ist tatsächlich ein außergewöhnlicher Akt, denn es ist spirituell erhebend und befreiend. Die Feen lehnen Groll und Rache ab, denn sie orientieren sich an den Bedürfnissen der Seele und nicht an denen des Verstandes. Sie heißen jede Möglichkeit, sich weiterzuentwickeln – und sei sie auch schmerzhaft –, willkommen, selbst wenn sie durchaus anerkennen, dass manche Verletzungen für bestimmte Individuen wirklich tief und real sind. Doch aufgrund ihrer jahrhundertelangen Erfahrung und ihrer Reife ist ihnen etwas ganz Wesentliches bewusst: Die Wahrheit des einen entspricht nicht zwangsläufig der Wahrheit eines anderen. Und ist es nicht oftmals vor allem die Last der Erinnerung, die Leid verursacht? Die Entscheidung, ob wir daran festhalten, liegt jeweils bei uns. Wenn wir einverstanden sind, uns von allen Schuldgefühlen und jeglichem Zorn zu befreien, ist das ein erhebender, riesiger Schritt hin zur Vergebung.

Vergebung richtet sich immer an zwei Seiten: uns selbst und den anderen bzw. die anderen. Das heißt nicht, dass Sie um jeden Preis an eine Beziehung wieder anknüpfen sollen, die Ihnen Schaden zufügt oder Sie zu sehr leiden lässt. Es könnte aber eine Lösung sein, das Problem nicht mehr in sich »hineinzufressen« und stattdessen mit der oder dem Betreffenden zu sprechen, um es besser zu verstehen und womöglich ein Missverständnis zu bereinigen. In den meisten Fällen war die Person unglücklich, ärgerlich oder ängstlich, als sie Ihnen Leid zugefügt hat. Sie kennen das sicher, dass in solchen Situationen oft die nächsten Angehörigen sozusagen in der ersten Reihe sitzen und so die geballte Ladung des Zorns abbekommen. Wenn Ihnen eine persönliche Begegnung zu schwerfällt, schreiben Sie der Person, die Sie verletzt hat, einen Brief, in dem Sie Ihre Gefühle darlegen – und dass Sie ihr vergeben. Ob Sie den Brief abschicken oder nicht, bleibt Ihnen überlassen. Allein die Tatsache, das Problem genannt und in Worte gefasst zu haben, ist eine Etappe auf dem Weg der Vergebung. Sind die Narben zu tief oder gar unerträglich schmerzhaft, ermuntern die Feen Sie dazu, die Methode Ho'oponopono* zu praktizieren.

Wenn Sie weder Mitgefühl noch Empathie mit der Person, die Sie verletzt hat, empfinden können, haben Sie vermutlich Widerstände aufgebaut. Dann sollten Sie Ihr Herz befreien, um vollständig verzeihen zu können. Die Feen mögen es, allen Wesen, denen sie begegnen, Licht und Liebe in Form hübscher Herzen zu schicken. Warum versuchen Sie das nicht auch einmal?

* Althergebrachtes Ritual der Versöhnung und Vergebung aus Hawaii;
  siehe dazu z.B. *Das kleine Übungsheft – Ho'oponopono* im Litera-
  turverzeichnis auf Seite 62.

Kleiner Schnelltest, um herauszufinden, ob Sie dem Menschen, der Sie verletzt hat, vergeben haben.
Denken Sie an eine Person aus Ihrem Umfeld, die Ihnen wehgetan hat, der Sie aber Ihrem Empfinden nach verziehen haben. Was geht in Ihnen vor? Haben Sie das Gefühl, mit der Sache/der Person im Frieden zu sein? Sind Sie ganz ruhig? Oder ist da noch Zorn oder Traurigkeit?

....
....
....
....
....
....
....
....
....
....

Eine gelassene Einstellung ist der Schlüssel zu einer guten Kommunikation mit der Welt.

»Es ist mehr Würde in großmütiger Vergebung als in Rache.«

William Shakespeare

Liebeserklärung an mich selbst

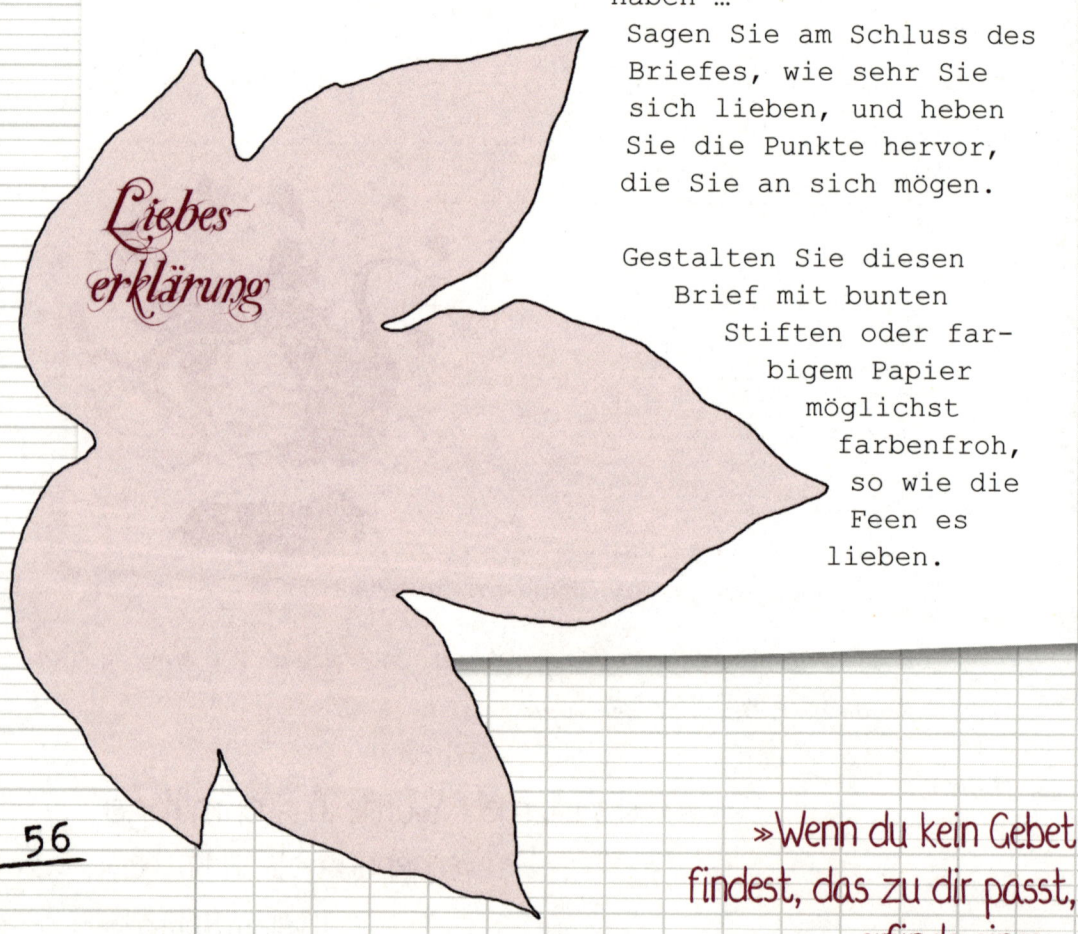

Schreiben Sie doch einmal einen Feen-Brief an sich selbst, in dem Sie sich um Verzeihung bitten für all Ihre Kritik, Ihre (Vor-)Urteile, Zweifel, Fehler, für alles Ungesunde, das Sie Ihrem Körper zumuten, für die Irrtümer und die kleinen und großen Lügen, die Sie im Laufe Ihres Lebens unter den Teppich gekehrt haben ...

Sagen Sie am Schluss des Briefes, wie sehr Sie sich lieben, und heben Sie die Punkte hervor, die Sie an sich mögen.

Gestalten Sie diesen Brief mit bunten Stiften oder farbigem Papier möglichst farbenfroh, so wie die Feen es lieben.

Liebes-erklärung

»Wenn du kein Gebet findest, das zu dir passt, erfinde eines.«

Hl. Augustinus

Mein Feen-Gebet

Die Feen schützen und unterstützen Sie auf Ihrem gesamten irdischen Weg. Dabei verhalten sie sich sehr diskret und agieren die meiste Zeit im Stillen, doch wenn Sie sich voller Respekt und Zuneigung mit einer Bitte an sie wenden, können sie sich auch konkret manifestieren.

Ein charmantes Mittel, um den Kontakt zu den Feen zu suchen und sie um Hilfe zu bitten, ist ein Gebet. Wie schon auf Seite 6 erwähnt, ist jede Fee einem Element zugeordnet, das sie prägt. Wenn Sie beispielsweise Unterstützung in Liebesdingen brauchen, sollten Sie vorzugsweise die Wasser-Feen ansprechen; geht es dagegen um Arbeit und materiellen Erfolg, sind die Feuer-Feen Ihre warmherzigen Verbündeten. Bei Anliegen, die Chancen und schnellen Erfolg betreffen, sind Luft-Feen die perfekten Ansprechpartnerinnen, und wenn es um Glück im Allgemeinen geht, helfen Ihnen die Feen der Erde am besten.

57

Vervollständigen Sie das folgende Gebet. Seien Sie dabei ehrlich gegenüber sich selbst und Ihren Wohltäterinnen. Wenn die vorgeschlagenen Formulierungen Ihnen nicht zusagen, ändern Sie sie entsprechend Ihren Vorstellungen, denn Sie sollen sich mit dieser Bitte wohlfühlen.

Liebe gütige Feen der/des (hier das jeweilige Element nennen; z. B. »des Wassers«).

. . . .

Ich empfinde unendlichen Respekt vor euch. Eure Existenz ist ein Himmelsgeschenk und ich danke dem Universum, dass ich euch täglich entdecken darf. Ich gehe gerade durch stürmische Zeiten voller Turbulenzen. Ich erbitte von ganzem Herzen eure Unterstützung, damit mein Himmel wieder aufklart und die Wolken sich verziehen. Ich habe den aufrichtigen Wunsch, dass meinen Vorhaben (beschreiben) . . . . .

. . . .

. . . . Erfolg beschieden sein wird und dass ich mich entfalten kann.

Danke, meine teuersten Feen der/des . . . . (hier wieder das jeweilige Element

nennen), ... dass ihr mir ermöglicht, ...

. . . .

Danke, dass . . . .

Danke, dass . . . .

Danke für euer Mitgefühl und für eure Lebensfreude.

Ich danke euch herzlich, dass ihr mich bei dem, was ich vorhabe, begleitet, und dafür, dass ihr mein Leben erhellt.

(Unterschrift) . . . .

Feen und Lebensart

Machen Sie es sich schön nach Art der Feen: Lesen Sie Bücher, die Sie nähren, hören Sie Musik, die Sie berührt. Gönnen Sie sich etwas, was Ihnen Freude macht und wohltut.

Zitate

Feen lieben Zitate, die etwas ausstrahlen und dem, was durch sie ausgedrückt wird, auf besondere Weise Sinn verleihen. Solche Zitate machen nachdenklich und/oder ermöglichen es uns, ihre Kernaussage in die Tat umzusetzen.

Schreiben Sie zwei oder drei Zitate, die Sie innerlich besonders ansprechen, auf die Schiefertafel. Sie könnten sich ein kleines Heft besorgen, in das Sie Zitate eintragen, die Ihnen im Lauf Ihrer Erlebnisse begegnen und Ihnen gefallen.

59

Zum Schluss noch zwei Feen-Tipps für den Alltag

Feen nutzen gern die schützenden und hilfreichen Eigenschaften von Dingen, die sie von ihren zahlreichen Reisen mitgebracht haben und die auch Sie sich zunutze machen können. Insbesondere Steine erhalten hier einen Ehrenplatz. Sie sind erstaunliche Verbündete, denn sie fördern entsprechend ihren Eigenschaften und Farben entweder Schutz, innere Ruhe oder gute Energien.

Die Feen legen auch sehr großen Wert auf gute Ernährung und ziehen Obst und Gemüse aus biologischem und/oder lokalem Anbau konventionell angebauten, stark verarbeiteten und über weite Strecken transportierten Nahrungsmitteln vor. Dabei achten sie auf ihre Bedürfnisse und gönnen sich bewusst gute Dinge, die Balsam für Körper und Seele sind.

»Ich fragte die Welt, die alte,
was sie als Bestes enthalte
in ihrem großen Gebäude.
Sie sagte: Des Herzens Freude.«

Omar Khayyam

Dank

Mein Dank gilt

... der zauberhaften Welt, die mich Schritt für Schritt begleitet, und dem Universum wegen seiner Schönheit und weil es mir so wohlgesonnen ist. Ein Feen-Augenzwinkern geht an all meine Lichtengel. Danke, ich liebe euch!

... meinen lieben kleinen Feen für ihre Sanftheit und das Licht ihrer Gesellschaft.

... meinem Engel Erwan wegen der Magie der Zeichen, die er mir gesandt hat.

... meinem kleinen Johann, der beim Schreiben dieses Buches von uns gegangen ist: Ruhe in Frieden im ewigen Licht. Niemals werde ich unsere zärtlichen und übersprudelnden Momente vergessen; deine kindlichen Liebeserklärungen sind für immer in mein Herz eingraviert.

... meinem Verleger Jacques Maire und seinem ganzen Team.

... meiner Familie und meinen Freunden für ihre liebevolle Gegenwart und all ihre Liebe.

... allen Autoren, die meine Seele weiterbilden.

... dem Universum für all die Fülle – die spirituelle, materielle und die Fülle der Liebe.

... dem Leben für jeden Schlag meines Herzens und für den Atem, der meinen Körper nährt.

61

Welch ein fantastisches Geschenk! DANKE!

Kleine Bibliografie

Backhaus, Hanna: *Dankbarkeit – mein Schlüssel zum Glück*, Moers: Brendow 2014.

Bodin, Luc/Bodin, Nathalie/Graciet, Jean: *Ho'oponopono. Hawaiianische Weisheit für Vergebung und Heilung*, München: Trinity 2014.

Caddy, Eileen: *Herzenstüren öffnen*, Freiburg: Greuthof 2015.

Dyer, Wayne W.: *Mit Absicht. Den eigenen Lebensplan erkennen und verwirklichen*, München: Goldmann 2005.

Hurtado-Graciet, Marieli: *Das kleine Übungsheft – Ho'oponopono*, München: Trinity 2014.

Kotsou, Ilios: *Das kleine Übungsheft – Achtsamkeit*, München: Trinity 2013.

Labacher, Julia: *Heilsteine. 50 Steine und ihre therapeutische Anwendung für Körper und Seele*, München: Irisiana 2013.

Ruland, Jeanne: *Feen, Elfen, Gnome. Das Buch der Naturgeister*, Darmstadt: Schirner 2010.

Samel, Gerti/Krähmer, Barbara: *Heilende Energie der ätherischen Öle. Die 100 wirksamsten Aromaöle für Körper und Seele*, München: Irisiana 2013.

Virtue, Doreen: *Die Heilkraft der Feen*, Berlin: Ullstein 2004.

DAS KLEINE ÜBUNGSHEFT

Willkommen in der Bibliothek der guten Gefühle

Entdecken Sie viele weitere Themen aus der charmanten Bestseller-Reihe.

Abonnieren Sie unseren Newsletter und erhalten Sie die aktuellsten Informationen aus den Bereichen Lebenskunst, persönliche Entwicklung, Erfolg und Sexualität.

Einmal pro Woche stellen wir Ihnen eines der **kleinen Übungshefte** mit einer Übung der Woche genauer vor.

Alle Hefte können Sie — innerhalb Deutschlands versandkostenfrei — direkt auf der Website bestellen.

www.die-kleinen-uebungshefte.de

TRINITY

Das kleine Übungsheft – bisher erschienen:

Ich lebe gelassen und glücklich!

- Entdecke die innere Fee in dir
- Glückstraining
- Lebensfreude im Alltag
- Optimismus
- Positive Psychologie
- Wieder Begeisterung empfinden
- Zen, sexy und happy

Ich lasse los, was mich belastet!

- Endlich frei von Schuldgefühlen
- Krisen bewältigen
- Loslassen
- Schluss mit dem Rauchen
- Stark durch Resilienz
- Zorn positiv nutzen
- Zum Wohlfühlgewicht ohne Stress

Ich entwickle meine Potenziale!

- Das Gesetz der Anziehung
- Gelassen Ziele erreichen
- Lebensträume verwirklichen
- Mut zur Veränderung
- Positives anziehen
- Selbstbewusstsein
- Verborgene Talente entdecken

Ich habe Zeit für das Wesentliche!

- Ausmisten und wieder durchatmen
- Besser leben ohne Stress
- Digital Detox – einfach öfter mal abschalten
- Entschleunigen
- Für eine bessere Welt
- Zen in einer bewegten Welt

Ich lebe achtsam und zentriert!

- Achtsamkeit
- Ho'oponopono
- Meditationen für jeden Tag
- Wahrhaftig sein sich selbst und anderen gegenüber

Ich öffne mich anderen Menschen!

- Dankbarkeit
- Emotionale Intelligenz
- Freunde gewinnen und bessere Beziehungen führen

Ich kommuniziere klug und liebevoll!

- Geheimnisse der Körpersprache verstehen
- Gewaltfreie Kommunikation
- Grenzen setzen – Nein sagen
- Konflikte meistern und harmonischere Beziehungen führen
- Mit schwierigen Zeitgenossen umgehen
- Psychospiele durchschauen und die eigene Rolle verändern

Ich liebe andere und mich selbst!

- Das Geheimnis glücklicher Paare
- Die Heilkraft der Liebe nutzen
- Frieden schließen mit dem eigenen Körper
- Kamasutra
- Seelische Wunden heilen
- Seelische Wunden verstehen
- Selbstliebe
- Sich selbst und andere lieben